AF450335

CATALOGUE

D'UNE BELLE COLLECTION
DE TABLEAUX,
DES ECOLES FLAMANDE,
HOLLANDOISE ET FRANÇOISE;

Et de Deſſins choiſis, montés & non mon-
tés, des trois Ecoles ; provenans du
Cabinet de M. ****.*

PAR J. B. P. LE BRUN.

La Vente en ſera faite le Vendredi 2 Juin 1780,
& jours ſuivans, de relevée, rue Plâtrière, à
l'ancien Hôtel de Bullion, où les Amateurs
pourront voir l'expoſition depuis le Mardi 30
Mai juſqu'au Jeudi premier Juin incluſive-
ment, depuis dix heures du matin juſqu'à
une.

Ce Catalogue ſe diſtribue,

A PARIS,

Chez {
Mᶜ CHARIOT, Huiſſier-Commiſſaire-
Priſeur, Hôtel de Bullion.
LE BRUN, Peintre, rue de Cléry,
Hôtel de Lubert.

M. DCC. LXXX.

AVERTISSEMENT.

LE goût a présidé au choix des Tableaux & des Deffins dont nous offrons aujourd'hui le Catalogue. L'Amateur & l'Artiste y trouveront également de quoi fatisfaire leur curiofité. L'Ecole Flamande fur-tout, qui depuis long-tems le difpute aux autres Écoles, & qui forme la plus riche partie de ce Cabinet, flattera par des fujets auffi piquans que variés. Dans le nombre des Deffins, on en trouvera qui ont déjà embelli les Collections les plus fameufes, & orné les portefeuilles les plus complets : nous ne doutons point qu'on ne répete après nous les éloges que nous avons faits de différens objets, puifqu'en les louant nous fommes fouvent reftés au-deffous de leur mérite. L'expofition, au refte, juftifiera ce que nous avançons, & notre plus grand defir eft de répondre à la confiance dont on nous a honorés en nous chargeant d'une Vente auffi agréable qu'importante.

Nota. Les lettres C. B. T. placées à la fin de chaque article, indiquent les Tableaux peints fur Cuivre, fur Bois, ou fur Toile.

CATALOGUE

D'UNE BELLE COLLECTION

DE TABLEAUX,

DES ÉCOLES FLAMANDE,

HOLLANDOISE ET FRANÇOISE;

*Et de Deſſins choiſis, montés & non
montés, des trois Ecoles.*

TABLEAUX.

ECOLE DES PAYS-BAS.

PAUL BRIL.

N°. 1 U N ſite montagneux, ſur le devant duquel on voit des maſſes d'arbres

A iij

coupées par une rivière : dans le coin à droite est un Paysan conduisant des bœufs ; à gauche on découvre une maison. Haut. 6 pouces, largeur 8 pouces. C.

JEAN ROTTENHAMER.

2 Le Baptême de Notre-Seigneur, par Saint Jean, sur les rives du Jourdain : sur le premier plan & sur le bord du fleuve, on voit une femme assise tenant deux enfans dans ses bras ; à côté d'elle est un homme qui la regarde ; derrière sont deux autres figures dont un jeune homme qui se déshabille. Dans le coin à gauche, s'offrent un homme, une femme & trois enfans. Sur le second plan, on remarque Saint Jean, derrière lequel sont plusieurs Anges, il verse de l'eau sur la tête de Jésus. Sur le quatrième plan, & dans l'éloignement on découvre un grand nombre de femmes. Dans les airs, paroît le Pere éternel entouré d'Anges & de Chérubins. Le fond offre un Paysage peint par Breughel de Velours. Nous ne dirons rien de ce tableau, dont le mérite est reconnu, & qu'on se souvient encore d'avoir vu dans le Cabinet de M. Blondel de Gagny d'où il sort. Hauteur 12 pouces, largeur 18 pouces. C.

PAR LE MÊME.

3 Pan poursuivant Syrinx.

On voit fur le devant la Nymphe pleine d'effroi, à demi couverte d'une draperie rouge, la jambe gauche en avant,
& l'autre cachée dans les rofeaux, que Pan
embraffe. Lé fond offre un Payfage peint
par Breughel de Velours. Ce Tableau où
l'on reconnoît le ftyle du Tintoret, dont
Rottenhamer a cherché à imiter la maniere,
eft l'un des plus hardiment peints de cet
Artifte. Hauteur 10 pouces. Largeur 8
pouc. C.

Pierre-Paul Rubens.

4 L'Enfant Jéfus affis fur un oreiller de
velours cramoifi, il eft porté fur des nuages, le bras droit levé, appuyé fur le
gauche, & couvert d'une draperie blanche.
Ce beau Tableau vient de la Collection
de M. Randon de Boiffet, N°. 30. Hauteur 22 pouces. Largeur 17 pouces.
Ovale. T.

Corneille Poélemburg & Bartholo-mée Bréemberg.

5 Deux Tableaux faifant pendans.
L'un repréfente des Ruines couronnées
de maffes de feuilles, au bas defquelles
font quatre figures différentes. A quelque
diftance, fur un autre plan, font deux
autres figures : fur le devant eft un Pâtre
debout, & appuyé fur fon bâton, gar-

dant des bœufs; dans le fond, & à droite,
font des maifons environnées d'arbres.

L'autre repréfente une grotte de rochers, ornée de figures : fur le premier
plan eft une femme qui favonne fur le
bord d'un ruiffeau. Dans le coin à droite,
eft une fontaine où deux femmes blan-
chiffent du linge. Sur le troifième plan eft
une femme qui l'étend fur des cordes.

7 pouces de diametre en rond. B. &
C.

BREUGHEL DE VELOURS.

6 L'intérieur d'un bois, où l'on voit un
homme debout parlant à une femme couchée. Dans le coin à droite eft un ruiffeau bordé de rofeaux, où des oifeaux
viennent fe défaltérer. Ce Tableau, du
beau faire de Breughel de Velours, ne
reffemble en rien à ceux où l'on voit le
bleu dominer fur toutes les autres teintes.
Hauteur 6 pouces 6 lignes. Largeur 9
pouces 6 lignes. C.

LUCAS VAN UDEN.

7 La Vue d'un Bois fur des hauteurs : fur
le devant font deux hommes à cheval, &
quelques autres figures. Plus loin s'offrent
un payfan & une payfanne conduifant des
moutons. Dans le coin à droite eft une
riviere. Les figures font peintes par Mi-

chau. Hauteur 8 pouces 6 lignes. Larg.
10 pouces 6 lig. T.

HENRI STÉENWICH.

8 Saint Pierre délivré des prisons, où l'on
voit ses gardes endormis. La fidélité de
l'architecture, & l'entente des différens
effets de lumiere, rendent ce Tableau piquant. Hauteur 7 pouces. Largeur 9 pouces 6 lig. B.

GOUBAULT.

9 Des Ruines au bas desquelles on voit
un homme pinçant de la guitare, qui at-
tire l'attention & les regards d'un enfant
& de trois femmes qui sont près de lui.
Plus loin est un paysan qui conduit un
âne & des bœufs, & au milieu un pâtre
qui chasse devant lui, un cheval blanc &
un troupeau de moutons, de béliers & de
chevres. Le fond offre un petit chemin,
où passe un homme conduisant un âne.
Les lointains sont terminés par des maisons entourées d'arbres, & par des montagnes. Ce Tableau ne le cede en rien aux
plus beaux de Jean Miel. Hauteur 16
pouces. Largeur 24 pouces. B.

JEAN WINANTS.

10 Une Campagne ornée d'arbres & de
hauteurs sabloneuses ; sur l'une on voit un

homme allant à la chaſſe au faucon ; il eſt accompagné d'un payſan. A quelque diſtance eſt un pâtre conduiſant un troupeau de chevres : au bas du Tableau coule un ruiſſeau bordé de roſeaux & de plantes marécageuſes. Dans le coin à gauche eſt un grand arbre à demi dépouillé de ſes feuilles. Le fond offre une vaſte étendue de pays. Les figures & animaux ſont d'Adrien vanden Velde. Hauteur 8 pouc. Largeur 12 pouces. B.

JEAN WINANTS.

11 Un Payſage où l'on voit des chaſſeurs entourés de leurs chiens, qui ſe repoſent ſur des hauteurs. Sur un chemin de traverſe, & dans un fond, on découvre un homme à cheval, que ſuit un payſan à pied : des arbres, des montagnes & une grande étendue de pays, terminent les lointains : les figures & animaux ſont peints par Adrien vanden Velde, & ne ſont qu'ajouter au mérite du Payſage. Hauteur 9 pouces 6 lignes. Largeur 13 pouces. B.

ALBERT CUYP.

12 Une Marine.

On voit dans le coin à gauche un canot dans lequel ſont deux hommes, dont un pêche à la ligne. Plus avant, & en pleine mer, font plufieurs chaloupes. Dans le coin à droite, & au bas d'une maffe de rochers couverts de mouffes, font cinq bœufs, gardés par un pâtre, qui entrent dans l'eau. Ce Tableau, dans lequel le Soleil produit des effets pleins de vigueur, offre les plus beaux détails, & l'enfemble le plus parfait. Hauteur 16 pouces 6 lig. Largeur 27 pouces. B.

PAR LE MÊME.

13 Une Prairie coupée par des hauteurs fur lefquelles on voit une vache accroupie, & une debout. Dans le lointain à gauche, on découvre un moulin & quelques maifons. Le fond offre une grande étendue de pays. Les devants font ornés de diverfes plantes. Ce Tableau ne le cede en rien au précédent. Hauteur 8 pouces 6 lignes. Largeur 12 pouces. B.

GÉRARD TERBURG.

14 Deux Tableaux faifant pendants.

L'un repréfente une jeune fille vue à mi corps, la tête ornée de perles, avec un corfet & une jupe rofe brodée en or & en argent; elle eft debout devant une table couverte d'un tapis de velours jaune, fur laquelle eft pofé un mantelet de fatin blanc.

L'autre repréfente un jeune homme,

paré dans le coſtume hollandois, ayant
une épée à ſon côté ; il a une main
poſée ſur la hanche gauche, & tient ſa
canne de l'autre : il eſt debout devant une
table couverte d'un tapis de velours cra-
moiſi, ſur laquelle eſt ſon chapeau orné
de plumes. Ces deux Tableaux, qui offrent le vrai genre que Terburg a long-
tems ſuivi, ſont intéreſſans par leur ra-
reté. Hauteur 12 pouces. Largeur 10
pouces. T.

A D R I E N B R A U W E R.

15 L'Intérieur d'une Tabagie.

On y voit un perſonnage principal vui-
dant un pot de bierre en préſence de huit
autres aſſis autour d'une table, qui ont
les yeux fixés ſur lui : dans le coin à droite, & auprès d'une cheminée, ſont deux
hommes & une femme ; un troiſième paroît dans le fond, debout ſur le ſeuil d'une
porte en arcade qui eſt ouverte. On a
beaucoup imité la manière de Brauwer,
& on en trouve peu qui ſoient vraiment
originaux ; mais nous garantiſſons l'autenticité de celui-ci. Hauteur 13 pouces,
Largeur 18 pouces. B.

D A V I D T E N I E R S.

16 L'Intérieur de la maiſon d'un Dentiſte.
On y voit à gauche, & ſur une chaiſe

un homme tenant fon bâton de la main gauche, la tête levée & la bouche ouverte, tandis que le Dentifte lui arrache une dent : derriere l'homme eft une femme, la tête coëffée d'un chapeau noir, qui regarde l'operation : près d'elle eft un jeune garçon qui verfe de l'eau dans une foucoupe : une table, des pots & autres acceffoires ornent les différens plans de la chambre. Ce tableau plein de vigueur & de fineffe, ne peut qu'embellir les Cabinets où il paffera. Il fort de celui de M. Randon de Boiffet, numéro 67. Hauteur 15 pouces, Largeur 11 pouces. B.

PAR LE MÊME.

17 Deux Tableaux faifant pendants.

L'un offre un étang, fur le bord duquel font trois Payfans qui caufent enfemble, & un quatrième qui pêche à la ligne. De l'autre côté de l'eau, eft un groupe de maifons entourées d'arbres.

L'autre repréfente auffi un groupe de maifons & de tours environnées d'arbres, au pied defquelles eft un Pâtre qui garde des moutons. Sur le premier plan eft un vieillard affis, parlant à deux hommes debout qui l'écoutent. Un chien eft placé près d'eux.

Ces deux Tableaux font du meilleur faire de Teniers ; le premier eft gravé par

M. le Bas. Hauteur 8 pouces, largeur 6 pouces. B.

ADRIEN VAN-OSTADE.

Gueynes
900.

18 L'Intérieur d'une chambre de Payfans. Le fond offre une cheminée, près de laquelle eft un homme affis, & offrant un verre de bière à un autre homme auffi affis qui fume fa pipe : dans le coin à gauche, eft une fenêtre qui laiffe entrevoir un Payfage. Quelques acceffoires font diftribués dans la chambre. Ce Tableau eft d'une belle harmonie. Hauteur 12 pouces. Largeur 13 pouces 6 lignes. B.

PAR LE MÊME.

Cathuitiere
49.

19 Une fenêtre ornée de pampres, où l'on voit un homme dans la demi-teinte jouant du violon aux oreilles d'un homme qui eft devant lui & qui lui offre un verre de bière : à droite, on remarque un troifième perfonnage. Les figures font vues à mi-corps. Oftade a gravé lui-même ce Tableau, & l'Eftampe fait partie de fon Œuvre. Hauteur 9 pouces 6 lig. Largeur 7 pouces 6 lig. B.

ISAAC VAN OSTADE.

Dulac 500

20 Un Chemin bordé d'arbres & de plantes, au pied defquelles eft un payfan dormant auprès d'un cheval blanc qui eft à

l'attache. Derriere lui eſt un tronc d'arbre pittoreſque. Le fond offre un pays
montagneux. Ce Tableau eſt de la plus
belle maniere d'Iſaac Oſtade. Hauteur 12
pouces. Largeur 10 pouces. B.

PAR LE MÊME.

21 Un Chemin de traverſe ſur lequel paſſe
un homme monté ſur un cheval, & un
petit garçon à pied conduiſant un troupeau de vaches & de moutons. Sur le
bord du chemin, ſont deux autres payſans aſſis, & cauſant enſemble. Sur le devant coule un ruiſſeau bordé de roſeaux.
Le fond offre des maſſes d'arbres & des
groupes de figures & d'animaux. Ce Tableau eſt du même faire que le précédent.
Hauteur 9 pouces. Largeur 12 pouces.
B.

PAR LE MÊME.

22 L'Intérieur d'une Chambre de Payſan,
où l'on voit un homme qui ouvre le ven-
tre à un cochon : près de lui ſont un
autre homme & un petit garçon qui le
regardent. A quelque diſtance eſt un groupe de petits enfans, dont l'un tient une
cruche, pour aider l'autre à boire à même.
Divers acceſſoires ornent les différens
plans de ce Tableau, qui eſt d'un bel effet. Hauteur 7 pouces 6 lig. Largeur 6
pouc. 6 lig. B.

Jean Asselin.

23 Un Payſage montagneux.

Sur le premier plan, ſont deux bœufs & trois moutons : au milieu eſt un homme monté ſur un âne, demandant ſon chemin à une femme debout & tenant ſon fuſeau : plus loin & dans un ruiſſeau, on voit un petit garçon accompagné d'un chien qui chaſſe des chevres devant lui. Ce Tableau de la plus grande fineſſe, & l'un des plus beaux connus de ce Maître, eſt éclairé par un ſoleil couchant. Hauteur 21 pouces. Largeur 23 pouces. T.

Par le même.

24 Deux Tableaux faiſant pendans.

L'un offre une Campagne ornée d'arbres, de montagnes & de roches, au pied deſquelles on voit un Pâtre aſſis & gardant un troupeau de chevres & de moutons : un homme couvert d'un manteau bleu, & appuyé ſur ſon bâton, lui demande ſon chemin.

L'autre repréſente un Choc de Cavalerie ſur des hauteurs & dans un fond.

Ces deux Tableaux ſont frais & d'une couleur harmonieuſe. Hauteur 4 pouces, largeur 6 pouces. C.

GÉRARD

GÉRARD DOW.

25 Un jeune garçon, la tête couverte d'un bonnet brun, & le col ceint d'une fraise blanche. Il eſt vu à mi-corps & maſqué par une table ſur laquelle on voit une lanterne, une caffetière & une marmite d'où il tire la bouillie qu'il va porter à ſa bouche. On connoît le mérite des productions de Gérard Dow, & l'autenticité & la fineſſe de celle-ci nous diſpenſe de tout éloge. Hauteur 5 pouces 6 lignes, Largeur 4 pouces 6 lignes. B.

GABRIEL METSU.

26 L'Intérieur d'une chambre de Payſan.

On y voit un homme aſſis & accoudé ſur une table ſoutenue par un tonneau : il allume ſa pipe, & regarde une femme debout qui lui verſe un verre de bierre. Le fond eſt orné d'une cheminée, d'un balet & autres acceſſoires. Une fenêtre placée dans le coin à gauche éclaire ce Tableau qui eſt de la couleur la plus brillante & la plus légere, & que nous pouvons aſſurer l'un des meilleurs de ce Peintre. Hauteur 13 pouces, Largeur 11 pouces. B.

PAR LE MÊME.

27 Un Canal ſur le bord duquel on voit une Dame richement vêtue, & ſuivie de

fon Page, acceptant la main qu'un homme
lui préfente pour entrer dans une barque
où l'on diftingue le Nautonier & une femme : dans le coin à gauche eft une maifon
entourée d'arbres. Ce Tableau, d'une
couleur tranfparente & légere, peut être
regardé comme une des plus agréables
compofitions de Metzu. Hauteur 9 pouc.
Largeur 8 pouces. B.

BARTHOLOMÉE BRÉEMBERG.

28 Le Martyr de Saint Laurent, grande &
riche compofition, ornée de quinze perfonnages principaux, & d'une multitude
innombrable de figures : d'anciens monumens font placés fur différens plans : on y
remarque entr'autres la colonne Saint
Pierre & le Campo Vaccino. Il eft connu
par la fuperbe Eftampe qu'il en a gravé
lui-même à l'eau-forte, Eftampe rare &
d'un grand mérite. Ce Tableau vient du
Cabinet du Duc de Deux-Ponts. Hauteur
32 pouces. Largeur 37 pouces. T.

PHILIPPE WOUVERMANS.

29 Une Campagne.
A droite & dans le coin, on remarque
une tente de Vivandiers, fous laquelle on
diftingue un homme qui tire du vin : en
avant font cinq hommes à cheval, dont
l'un tire un coup de piftolet, l'autre tient

un verre de vin : un troisième porte une
femme en croupe, & un quatrième sonne
de la trompette : ils parlent à la vivandière
qui tient un petit garçon par la main : à
gauche sont deux mendians & à quelque
distance d'eux des Cavaliers qui traversent
un sentier : le fond de ce même côté pré-
sente une grande étendue de pays ; en
avant & sur des buttes de terre, s'offrent
un homme assis & une femme vue par le
dos qui tient son enfant dans ses bras. Ce
Tableau, d'un ton argentin, est de la touche la plus fine & la plus délicate de Philippe Wouvermans. Hauteur 18 pouces,
Largeur 16 pouces. B.

PAR LE MÊME.

30 Un Voyageur, monté sur un cheval
blanc, faisant l'aumône à un Pélerin qui
semble lui faire part de son état ; entr'eux
est un chien : le fond offre une campagne.
Ce Tableau est piquant & plein d'effet.
Hauteur 12 pouces, Largeur 9 pouces.
B.

PAR LE MÊME.

31 Un Paysage orné d'arbres, sur le devant
duquel on voit au pied du laurier, This-
bé se tuant sur le corps de Pyrame. Dans
le coin à gauche, est un Amour déco-
chant une fleche du bout de laquelle jaillit
une fontaine. Le fond offre une étendue

B ij

de pays couvert de maſſes d'arbres & de montagnes. Ce Tableau, outre le mérite que l'on y remarque, devient encore intéreſſant par la manière extraordinaire que Wouvermans s'eſt plu à y chercher. Hauteur 8 pouces, Largeur 6 pouces 6 lignes. C.

HARMAND SWANEVELT, dit HARMANDT D'ITALIE.

32 Deux Tableaux faiſant pendans.

L'un offre les Ruines d'une voûte ſous laquelle on voit deux figures : ſur le même chemin, & de diſtance en diſtance, ſont placées trois autres figures. Sur différens plans, on remarque des Pâtres qui gardent des chevres : dans le fond à droite, on diſtingue une maſſe de maiſons entourées d'arbres ; les lointains offrent une chaîne de montagnes.

L'autre repréſente un pont de pierre élevé ſur une rivière où l'on diſtingue ſix figures. Dans le coin à gauche, ſont des ruines entourées de maſſes de feuillages : ſur le premier plan & ſur le bord de l'eau ſont deux Pêcheurs : ſur le troiſième plan ſont des arbres & une petite montagne couverte de gazon : ſur le quatrième, on découvre un chemin où paſſe un homme conduiſant deux ânes chargés de ſacs, & dans le lointain trois petites figures & des montagnes. Ces Tableaux font fins & des plus capitaux de Swanevelt. Hauteur 7 pouces 7 lignes, largeur 11 pouces. C.

CORNEILLE BÉGA.

33 Une chambre de Payfans, où l'on voit une femme affife & tenant fon enfant au maillot fur fes genoux : elle parle à une femme debout, derrière laquelle eft un petit garçon vu par le dos qui fe difpofe à paffer fous une voûte à travers laquelle on découvre un payfage. Le berceau de l'enfant & quelques meubles ornent les différens plans de ce Tableau qui fort du Cabinet de M. de Boiffet, numéro 86. Hauteur 13 pouces 6 lignes, Largeur 11 pouces. B. Il eft gravé par Guttemberg, dans le choix des Maîtres Hollandois & Flamands.

ADAM PYNACKER.

34 Un Hermitage entouré d'arbres & de roches, fur la porte duquel on voit un Moine affis & lifant : à fes pieds coule un ruiffeau que traverfe une femme conduifant un bœuf & une chevre, & portant un panier plat fur fa tête. Le fond offre des maffes d'arbres & un fite montagneux. Ce Tableau peint en Italie eft d'une touche fine & légere. Hauteur 5 pouces 3 lig. Largeur 8 pouces. T.

JEAN-BAPTISTE WEÉNINX.

35 Les Ruines d'un Monument au pied defquelles on voit une femme affife parlant
à un homme debout : derrière eux font
plufieurs groupes de perfonnages : fur le
devant, font deux coqs fur des gerbes de
bled : différentes fleurs & plantes ornent
cette même partie du Tableau : dans le
fond & à travers des colonnes, on découvre une grande quantité de figures,
plufieurs bâtimens voiliers & gondoles en
mer , & des maffes de rochers. Un foleil
couchant éclaire ce Tableau qui ne le
cede en rien à fes meilleures productions.
Hauteur 20 pouces, Largeur 14 pouces
6 lignes. B.

NICOLAS BERCHEM.

36 Une Campagne coupée par différens ruif-
feaux, dont l'un coule fur le devant du
tableau. On y voit fur le premier plan
un homme parlant à une femme vêtue
d'un corfet jaune & d'une jupe bleue,
montée fur un âne : fur le fecond plan
font des bœufs, une chevre , & à quelque
diftance une femme portant fon enfant fur
fon dos & traverfant le ruiffeau à gué :
fur le même plan à droite & dans le
coin, eft un Pâtre arrêté & debout, à
demi mafqué par un bœuf : le fond eft

orné de montagnes, de mafures & de maffes d'arbres. Ce Tableau eft clair & brillant, & de la belle manière de fon auteur. Haut. 12 pouces 6 lig. Larg. 16 pouces 6 lig. B.

PAR LE MÊME.

37 Une Marine éclairée par un Soleil couchant & vaporeux.

Sur le premier plan & fur le bord de la mer, font quatre Pêcheurs : fur le fecond, & dans le coin à gauche, font quatre perfonnages dont l'un eft habillé dans le coftume levantin, de l'autre coté de l'eau eft une galere à l'encre : le fond eft terminé par de grandes maffes de rochers. L'air qui circule dans ce tableau, & la perfpective des différens plans, le mettent au nombre des plus beaux & des plus piquans que l'on connoiffe. Hauteur 14 pouces, Largeur 14 pouces. B.

PAUL POTTER.

38 Un Payfage fous un ciel orageux.

On voit fur le devant du Tableau, & près d'une haie entourée d'arbres, un taureau & deux vaches dont une blanche accroupie. Le coin à droite eft orné de diverfes plantes : dans le fond on découvre quelques animaux. Ce tableau eft plein d'effet & d'harmonie. Hauteur 10 pouces

8 lignes , Largeur 8 pouces 9 lignes.
B.

P A U L P O T T E R.

Le Brun

1660

39 Un Chien de grandeur naturelle , forti
de fa niche & enchaîné. Le fond offre
une grande prairie fur le bord de l'eau ,
où paiffent des vaches , & dans le lointain on découvre des maifons entourées
d'arbres. Ce tableau eft peint avec har-
dieffe & avec vérité. Il vient de la Collection du Bourguemeftre Vander-Marck.
Hauteur 36 pouces. Largeur 48 pouces. T.

P A R L E M Ê M E.

Dougeux

2400

40 Une Vue du Bois de la Haye, que traverfe un grand nombre de figures & d'a-
nimaux : on y remarque auffi un chariot
attelé de deux chevaux : fur le devant eft
un troupeau de moutons. Dans le coin à
droite font trois bœufs. Ce tableau eft
d'une touche fine variée & harmonieufe.
Hauteur 13 pouces , Largeur 14 pouces.
B.

J E A N V A N D E R-U L F T.

Lenglier

801

41 Une Campagne ornée d'un grand monument, où l'on voit un décampement
d'armée, compofé d'une multitude innombrable de figures. Ce Tableau eft d'une
touche facile, & d'un bel effet. Haut. 12
pouc. larg. 10 pouc. Toile collée fur bois.

WILLEM KALF.

42 L'Intérieur d'une Chambre rustique.
On voit sur le premier plan un chaudron, des plats, des pots, des légumes
& un baquet chargé d'un panier plein
d'artichauds : dans le fond on découvre
une femme auprès de son lit, tenant son
petit garçon entre ses genoux & attisant
son feu. Ce Tableau est d'une couleur
vigoureuse & transparente & d'un effet
très-piquant. Hauteur 12 pouces 6 lignes.
Largeur 9 pouces 6 lignes. B.

LUDOVICOLF BACKUYSEN.

43 Une Marine.
On voit sur le bord un grand bateau
de transport, & sur le galet une chaloupe avec son mât, ses voiles & ses cor-
dages. Sur le devant & sur une butte de
gazon, s'offrent un homme assis & un
debout, tous deux vus par le dos. Plus
loin & sur le rivage, on découvre une
femme tenant un petit garçon par la main,
& portant un panier sur sa tête. Ce Tableau est de la plus belle manière de Bac-
kuysen. Hauteur 14 pouces, Largeur 13
pouces. B.

WILLEM VANDEN VELDE.

44 Une Mer calme où l'on découvre un

Yack, chargé d'un grand nombre de figures; une chaloupe y mene plusieurs passagers: on remarque encore plusieurs autres bâtimens voiliers en mer. Ce Tableau peut être compté parmi ceux du meilleur tems de Villem vanden Velde. Hauteur 11 pouces 9 lignes. Largeur 11 pouces 6 lignes. B.

FRANÇOIS MIÉRIS.

45 Un Homme vu à mi corps, la tête coeffée d'un chapeau brun, orné d'une plume bleue, & vêtu d'un gillet de satin olive, à manches de velours mordoré: il est assis, & tient à deux mains un verre posé sur une table chargée de crevettes: à côté de lui est une jeune fille vue par le dos, qui écrit avec de la craie sur une pierre noire. Il est masqué par une fenêtre de pierre ceintrée, & entourée de lierre, sur l'appui de laquelle est un violon. Ce Tableau est d'un fini précieux & purement conservé. Hauteur 10 pouces 9 lignes. Largeur 8 pouces. B.

PAR LE MÊME.

46 Un Buste d'homme, la tête coeffée d'un bonnet de velours mordoré, orné d'une plume, & les épaules couvertes d'un manteau brun. Ce Tableau est de la premiere beauté. Hauteur 4 pouces 3 lignes. Larg. 3 pouces 6 lig. B.

JACQUES RUISDAAL.

47 Un Payſage orné de maſſes d'arbres, &
coupé par une riviere qui s'échappe en
différentes nappes d'eau; ſur le bord ſont
trois hommes qui forment un pont de
bois: on en découvre un quatrième chargé de branches d'arbres, qui reçoit les
ordres d'un homme vêtu dans le coſtume
hollandois. Le fond offre encore deux
Pâtres qui paſſent la riviere à gué, en conduiſant un troupeau de moutons. Les figures & les animaux ſont peints par
Adrien vanden Velde, ce qui ajoûte au
mérite & à l'effet de ce Tableau. Hauteur
15 pouces. Largeur 20 pouces 6 lignes.
T.

JEAN STÉEN.

48 L'Intérieur d'une Chambre hollandoiſe.
Sur le premier plan, l'on voit un chien
qui danſe aux ſons qu'un jeune garçon tire
d'une flûte. A côté de lui eſt un autre qui
le regarde: plus loin un homme tient la
main d'une femme, & ſemble battre la
meſure; à droite, & ſur le devant, eſt
une cuve, d'où un payſan tire un pot,
en fixant ſes regards ſur le chien qui le
fait ſourire. Derriere lui, & près d'une
table, s'offre un homme vêtu pittoreſque-
ment, qui tient de la main gauche ſon
violon, & de la droite ſon archet. Il pa-

roît s'amufer de cette fcene, tandis qu'une
vieille lui préfente un verre de vin. Derriere elle eft un autre perfonnage tenant
un pot. A travers la porte, & fous un rideau, font deux autres figures, fe déta-
chant en demi-teinte fur un fond de payfage. Nous regardons ce Tableau, dans la
maniere de Gabriel Metsù, comme l'un
des plus beaux & des plus capitaux de
Jean Stéen. Hauteur 33 pouces. Largeur
27 pouces. B.

JEAN VANDER HEYDEN.

49 Un Payfage.

Sur le devant eft un chemin que tra-
verfent deux hommes dans le coftume
hollandois fuivis d'un chien noir : à quelque diftance eft une femme montée fur
un âne. Dans le coin à droite eft une
femme affife, ayant à fes côtés un homme. Sur le quatrième plan eft une femme
debout, tenant une cruche d'une main,
& tirant de l'autre les oreilles d'un homme affis : fur le cinquième plan font des
allées d'arbres & des maifons. Les huit
figures font d'Eglon vander Néer. Hauteur
9 pouces. Largeur 8 pouces. B.

ADRIEN VANDEN VELDE.

50 Une Vue des Environs de Schevrings.
Sur le galet font un homme & une

femme qui fe promenent, accompagné de leur chien. Derriere eux, & à quelque diftance, eft un autre perfonnage. Près d'eux eft un payfan. Dans le coin à gauche, du même côté, eft un jeune garçon affis: fur le troifième plan, on voit un groupe de figures affifes; un homme à cheval, & une chaloupe. Sur le quatrième plan font d'autres petites figures, & un carroffe à quatre chevaux qui paffe fur un chemin coupé par des courans d'eau. Ce Tableau charmant rappelle celui qui a été vendu chez Monfeigneur le Prince de Conti. Hauteur 13 pouces. Largeur 17 pouces. B.

KAREL DUJARDIN.

51 Une Campagne ornée d'arbres & de montagnes, & coupée par un ruiffeau qu'un petit garçon paffe à gué, conduifant d'une main un âne chargé de gibier, & tenant de l'autre un fufil. Sur le bord font deux chaffeurs, dont l'un monté fur un cheval noir, & vu par le dos, parle à l'autre monté fur un cheval blanc. Ils font fuivis & précédés de leurs chiens. Ce Tableau vient du Cabinet de M. de Vefcure. Hauteur 18 pouces. Largeur 15 pouces. B.

GODEFROI SCALCKEN.

52 Diane vue à mi corps.

Elle a la tête coeffée de perles & de rubans : sur ses épaules eſt jettée une draperie rouge qui lui ceint le reſte du corps. Sa gorge eſt découverte, & laiſſe appercevoir une chaîne d'or enrichie de diamans, à laquelle eſt ſuſpendu ſon carquois qu'elle tient d'une main, & d'où elle tire une fleche qu'elle tient de l'autre. Le fond offre un payſage. Ce Tableau eſt bien conſervé, & ne laiſſe rien à deſirer. Hauteur 8 pouces. Largeur 6 pouces 3 lig. B.

CARLE DE MOOR.

53 Une Priere au Dieu des Jardins.

On voit deux femmes richement vêtues à genoux au pied de la ſtatue du Dieu, qu'une jeune fille charge de guirlandes. Dans le fond ſont quatre autres femmes qui ſuſpendent des feſtons aux arbres qui entourent ſon buſte. Le fond offre un payſage. Le fini précieux, & la touche moelleuſe de ce Tableau, le feroient comparer aux plus beaux de Gaſpard Netſcher. Hauteur 4 pouces 6 lig. Larg. 13 pouces. B.

CORNEILLE DUSART.

54 Un Repas de Payſans ſous un berceau de vigne.

Sur le premier plan on voit trois hom,

mes & une femme tenant un verre de bière, assis autour d'une table couverte de viandes : un quatrième est debout, tenant une mesure de bière. Deux d'en- tr'eux ont les yeux fixés sur un cinquiè- me, qui est debout jouant de la vielle. Sur le second plan sont un homme & une femme près de quelques maisons entourées d'arbres. Le fond offre un paysage. Ce Tableau, qui vient du Cabinet de M. Gros, est connu pour l'un des plus capi- taux de Dusart. Hauteur 16 pouces 6 lig. Larg. 13 pouces 6 lig. B.

PAR LE MÊME.

55 Une Maison de Paysan attenant à un angard, sous lequel on voit une femme qui ouvre une porte, & se dispose à en- trer. Sur le premier plan on voit un oi- gnon, un chou, un plat couvert d'autres oignons & d'un écumoire ; à quelque dis- tance est un chaudron, un balay & un poëlon de terre. Sur le second plan est un tonneau chargé d'une cuiller, d'un pot à l'eau & d'une vieille couverture de laine. Hauteur 10 pouces. Largeur 7 pouces 3 lig. B.

HENRY VESCHURING.

56 Un Décampement d'armée. Près des Ruines de différens monumens

on voit des Soldats qui se reposent, &
d'autres qui boivent : un grand nombre
de chevaux, de chariots, de fantassins &
de cavaliers, ornent les différens plans de
ce Tableau : le fond est terminé par une
campagne immense & de hautes montagnes. Hauteur 16 pouces 6 lig. Largeur
24. B.

VANDER-NÉER.

57 Une Rivière entourée d'arbres, éclairée par la lune : dans le coin à gauche,
sont des hommes attroupés autour d'un
foyer : sur le devant est un Pêcheur conduisant sa barque : dans le coin à droite
& dans le fond sont plusieurs maisons.
Hauteur 9 pouces, Largeur 12 pouces.
T.

PIERRE GYSEN.

58 Une Rivière couverte de barques : à
droite & dans le coin sont des moulins
& plusieurs maisons entourées d'arbres :
à gauche, on remarque aussi un moulin
& des hommes qui en retirent des sacs
pour les transporter dans un bateau que
l'on voit à bord : les lointains offrent une
grande étendue de pays. Hauteur 6 pouc.
6 lignes, Largeur 8 pouces & demi. C.

JEAN VERKOLIE.

59 Un Paysage, sur le devant duquel on
voit

voit Jupiter transformé en Cigne donnant un baiser à Léda. Dans une rivière, à droite. on voit d'autres Cignes pourfui-vant des Nymphes: le fond offre des maf-fes d'arbres. Hauteur 11 pouces 6 lignes, Largeur 15. T.

THOMAS WICK.

60 Des Rochers, & une voute fous la-quelle paffe un homme conduifant un âne. On voit une femme affife fur un mon-ticule de terre & parlant à une femme debout : devant & derrière elles, font deux Payfans, à côté de l'un defquels eft un chien endormi : dans le coin à droite, eft une fontaine dont l'eau jaillit dans un baffin de pierre. Hauteur 15 pouces. Largeur 11 pouces & demi. B.

JEAN GRIFFIER, dit LE VIEUX, dans la manière de Nicolas Berchem.

61 Une Auberge, fur la porte de laquelle on voit une femme, & un homme qui verfe un verre de vin à un charretier qui lui parle ; un vieillard affis fur un banc de pierre, a les yeux attachés fur ce der-nier. A quelque diftance eft la charrette attelée d'un cheval bay précédé d'un che-val blanc. Le fond offre des maifons bor-dées d'arbres.

Hauteur 12 pouces. Largeur 14. T.

C

JACQUES WIT.

62 Un Bas-relief repréfentant la Peinture & la Sculpture : la première eft caractérifée par un enfant qui ébauche un Tableau : un fecond eft debout à côté de lui , & le regarde , tandis qu'un troifième broye des couleurs ; la Sculpture eft caractérifée par un enfant qui deffine d'après la Boffe : une palette , des pinceaux , des couteaux , une boëte à couleurs , & un portefeuille ornent le devant de ce Tableau. Hauteur 9 pouces , Largeur 13 pouces. B.

ERNEST DIÉTRICY.

63 Un Payfage orné de montagnes & de roches, à travers lefquelles tombent des cafcades d'eau , qui forment un ruiffeau où deux femmes nues fe difpofent à fe baigner. Des maffes d'arbres , de feuillages & de roteaux , font diftribuées fur les différens plans de ce tableau, qui eft d'une couleur tranfparente & légere. Hauteur 9 pouces. Largeur 12 pouces 6 lignes. B.

PAR LE MÊME.

64 Un Payfage dans la manière de Salvator Rofa , orné d'arbres & de roches couvertes de mouffe : fur l'une, on voit un Soldat appuyé fur fon bouclier ; au

bas & fur un chemin de traverfe, eft une femme avec fon enfant qui demande à un homme affis le côté qu'elle doit prendre. Ce tableau eft l'un des plus beaux que nous connoiffions de cet Artifte. Hauteur 27 pouces & demi, largeur 23. T.

ECOLE FRANÇOISE.

Claude Gelée, dit le Lorrain.

65 Une Prairie fur le bord de l'eau.

On y voit un Pâtre affis fur un tronc d'arbre renverfé, jouant du chalumeau & faifant paître un troupeau de bœufs & de chevres : fur l'un des plans du devant, font deux grands arbres : dans le fond, font trois tourrelles environnées de maffes & d'allées d'arbres. Il regne dans ce Tableau une vapeur que l'on remarque dans les belles productions du Lorrain, & fa forme y ajoute encore un nouveau prix. Hauteur 11 pouces. Largeur 14 pouces. T. collée fur B.

M. Lagrenée le jeune.

66 Un Sacrifice.

On voit un autel près duquel font les trépieds & les vafes facrés : la Prêtreffe y fait une libation ; une jeune fille à genoux le charge de guirlandes de rofes ; derrière

elle, font deux autres femmes auffi à ge=
noux: le fond offre une partie circulaire
de Temple & un Payfage ; une femme y
paroît portant une urne fur fa tête. Ce
Tableau, d'une compofition agréable &
d'une couleur harmonieufe juftifie les
éloges qu'on a juftement prodigués au ta-
lent de cet Artifte. Hauteur 15 pouces,
Largeur 13. T.

M. BOUNIEU.

67 L'Intérieur d'une Etable où l'on voit
une jeune fille tenant dans fa main droite
celle d'un jeune garçon, & préfentant de
l'autre de l'herbe à une chevre qui allaite
fon petit: deux autres chevres font placées entre les deux figures : le coin à
droite laiffe voir dans le fond un payfage.
Hauteur 9 pouces 6 lignes. Largeur 11
pouces. B.

DESSINS.

ECOLE D'ITALIE.

DESSINS SOUS VERRE.

LE GUERCHIN.

68 La Flagellation de notre Seigneur :
Deffin à la plume, lavé au biftre.

On le voit la tête & les yeux baissés,
tandis qu'un soldat le tient par un bras,
& le tire par les cheveux; un second le
flagelle, & un troisième est le témoin de
cette scene. Ce Dessin est d'une touche
énergique & facile. Hauteur 7 pouces 6
lignes. Largeur 11 pouces.

PAR LE MÊME.

69 Un Dessin à la plume, lavé au bistre.
La Vierge vue à mi corps tenant l'Enfant Jésus, qui a le bras gauche appuyé
sur son sein. Hauteur 6 pouces 6 lignes.
Largeur 5 pouces. Il est gravé à l'eau-
forte.

VENTURA SALIMBENI.

70 Un Dessin à la plume, lavé au bistre,
représentant un Ex voto composé de trois
figures. Le fond offre l'intérieur d'un temple. Hauteur 7 pouces. Largeur 5 pouces.

PAR LE MÊME.

71 Un Ex voto, composé de six figures,
dessiné à la plume, & lavé au bistre.
Hauteur 8 pouces. Largeur 8 pouces.

Le Cavalier BERNIN.

72 La Statue de Saint Paul.
Dessin à la plume, lavé au bistre, &
C iij

rehauffé de blanc. Hauteur 42 pouces 6 lig. Largeur 7 pouces.

PAUL VÉRONESE.

73 Un Deffin à la plume, lavé au biftre & à l'encre de la Chine, repréfentant un Sujet allégorique compofé d'environ cinquante figures. Hauteur 18 pouces. Largeur 13 pouces 6 lig.

LE BOURGÜIGNON.

74 Un Deffin à la plume, lavé au biftre, repréfentant un Choc de Cavalerie. Hauteur 9 pouces. Largeur 14 pouces.

LE BENEDETTE.

75 Un Deffin à la plume, lavé au biftre, repréfentant des Satyres. Hauteur 12 pouces. Largeur 13 pouces 6 lig.

SÉBASTIEN RICCI.

76 L'Annonciation, grande & belle compofition de douze figures, deffinée à la plume & lavée au biftre. Hauteur 17 pouces. Largeur 19 pouces.

PAR UN MAÎTRE VÉNITIEN.

77 Un Payfage orné de rochers, d'arbres & de montagnes. Dans le bas on voit un torrent qui fe précipite fous un pont, où l'on remarque un payfan qui marche pré-

cédé de fon chien. Deſſin à la plume,
lavé au biſtre , & rehauſſé de blanc. Hauteur 17 pouces. Largeur 14 pouces.

DESSINS EN FEUILLES.

RAPHAEL.

78 Un Sacrifice compoſé de ſix figures
principales, Deſſin à la plume lavé au
biſtre. Hauteur 7 pouces 6 lignes. Larg.
8 pouces 8 lig.

LE GUERCHIN.

79 Deux Deſſins à la plume lavés au biſtre
faiſant pendans. Ils repréſentent des cari-
catures d'homme & de femme. Hauteur 9
pouces. Larg. 9 pouces 6 lig.

PAR LE MÊME.

80 Deux Deſſins à la plume , lavés au biſtre.
Ils offrent des têtes de Vieillard.

LUDOVICI-CARDI CIVOLI.

81 Saint Pierre Apôtre baptiſant Sainte
Priſque & une autre femme. Compoſition
de onze figures principales. Hauteur 11
pouces 6 lignes. Largeur 7 pouces 9 lig.
Ce Deſſin colorié eſt gravé.

C iv

JOANNES-FRANCISCO ROMANELLI.

82 Un Sujet de Dévotion allégorique compoſé de dix figures principales. Il eſt deſſiné à la plume, lavé au biſtre, & rehauſſé de blanc. Hauteur 11 pouces 6
lignes. Largeur 7 pouces 6 lignes.

LE TINTORET.

83 Un Chriſt entouré d'un grand nombre
de ſoldats & de femmes; Deſſin à la plume, lavé au biſtre, & rehauſſé de blanc.
Hauteur 9 pouces. Largeur 8 pouces.

LOUIS GEMINIANI.

84 Saint François Xavier mourant: Deſſin
à la plume, lavé au biſtre, & rehauſſé
de blanc. Hauteur 19 pouces. Largeur 11
pouces 6 lignes.

PAUL FARRINATY.

85 Un Deſſin à la plume, lavé au biſtre,
& rehauſſé de blanc, repréſentant Mer-
cure, Vénus & l'Amour. Hauteur 12
pouces 6 lignes. Largeur 9 pouces 6 lig.

JEAN BONNATTI.

86 Un Deſſin à la plume, lavé au biſtre,
& rehauſſé de blanc, repréſentant un
ſaint Abbé qui rend la vue à un aveugle.

Il eſt gravé. Hauteur 10 pouces. Largeur 6 pouces.

BENEDETTO LUTTI.

87 Trois Deſſins repréſentant des Sujets pris de la vie des Saints.

JOANNES-PAULI PANNINI.

88 Deux ſuperbes Deſſins à la plume, lavés au biſtre, & rehauſſés de blanc, faiſant pendant.

L'un repréſente Alexandre qui découvre le tombeau d'Achille enſeveli ſous des ruines.

Et l'autre Alexandre qui va conſulter l'Oracle dans le Temple de Jupiter Ammon. Hauteur 10 pouces 6 lig. Largeur 16 pouces.

PAR LE MÊME.

89 Un Deſſin à la plume, lavé à l'encre de la Chine & colorié, repréſentant des monumens d'architecture. Hauteur 9 pouces. Largeur 14 pouces.

BANDINELLI, &c.

90 Deux Deſſins repréſentant des Etudes, par Bandinelli & Frederici Baraccio.

M. PALMIÉRI.

91 Un superbe Dessin à la plume, représentant de grands quartiers de roches au
bas desquelles on voit un Paysan assis &
au-dessus de lui un jeune garçon : dans
le coin à droite, sont des chaumières entourées d'arbres, près desquelles on remarque un homme & une femme. Hauteur
16 pouces. Largeur 12 pouces.

DIFFÉRENS MAITRES.

92 Deux Dessins, dont l'un par Dionifio
Calvart, représentant la Conversion de
Saint Paul, & l'autre par Carlo Maratti,
offrant un Rosaire.

93 Deux autres, dont un *Ex voto* par Ra-
phaël Schiaminova, & la Guérison de l'A-
veugle né, par Zucaro.

94 Quatre autres, par Philippe Napolitain,
le Guide & Cavedone.

95 Cinq Dessins, représentant différens sujets dessinés par le Carache, Berchem,
Delvague, Trémolière & Bouchardon.

96 Cinq autres Dessins, par différens Maîtres.

ECOLES
FLAMANDE ET HOLLANDOISE.

DESSINS SOUS VERRE.
DAVID TESNIERS.

97 Un Deſſin au crayon noir ſur papier
blanc, repréſentant le mauvais Riche.

JEAN-ALEXANDRE THIELE.

Un Deſſin au crayon noir lavé au
biſtre & rehauſſé de blanc, offrant un
payſage orné de figures.
Ces deux Deſſins ſont ſous le même
verre. Hauteur 22 pouces. Largeur 19
pouces.

ANTOINE VAN-DYCK.

98 Le Martyr d'une Sainte, compoſé de 8
figures : il eſt deſſiné à la plume, lavé au
biſtre & rehauſſé de blanc. H. 7 pouc. 9
lignes, largeur 6 pouces.

JACQUES JORDANS.

99 Un Deſſin à la plume, lavé au biſtre,
dont le ſujet offre l'Adoration des Ber-
gers. Il eſt compoſé de douze figures.

 # DESSINS.

Hauteur 4 pouces 6 lignes. Largeur 6 pouces & demi.

JACQUES JORDANS.

100 Un Deſſin colorié, repréſentant un ſujet compoſé de quatre figures. Hauteur 7 pouces 3 lignes, Largeur 6 pouces.

REMBRANDT VAN-RHIN.

101 Deux Deſſins à la plume, lavés au biſtre, & ſous un même verre.

L'un offre un ſujet compoſé de quatre figures : on y voit un homme qui tient une femme ſur ſes genoux; une autre, placée derrière lui, pince de la guitarre, & on en remarque une troiſième qui eſt aſſiſe à ſes côtés.

L'autre repréſente une Religieuſe qui prête l'oreille aux diſcours d'un vieillard qui eſt aſſis devant une table.

Hauteur 17 pouces, Largeur 10 pouc.

PAR LE MÊME.

102 Quatre petits Deſſins à la plume lavés au biſtre, repréſentant des études de lion. Sous un même verre.

PAR LE MÊME.

103 Un Deſſin à la plume, lavé au biſtre
104 rehauſſé de rouge & de blanc, repréſen-

tant l'Intérieur d'une chambre à coucher éclairée par une fenêtre, où l'on voit un homme & une femme couchés dans leur lit. Hauteur 5 pouces 6 lignes. Largeur 7 pouces 2 lignes.

FERDINAND BOLL.

104 L'intérieur d'une Salle de Banque, ornée de figures. Deſſin à la plume, lavé à la ſanguine & à l'encre de la Chine. Hauteur 5 pouces, largeur 8 pouces.

PAUL POTTER.

105 Un Deſſin au crayon noir & blanc ſur papier gris, repréſentant une chaumière à la porte de laquelle on voit un bélier: près de là eſt un homme monté ſur un cheval, & faiſant rajuſter ſon étrier: un chaſſeur à cheval & ſuivi de ſes chiens, eſt à quelque diſtance de ce groupe. Le fond offre des grands arbres. Ce Deſſin eſt celui du tableau que poſſédoit M. Randon de Boiſſet. Hauteur 6 pouces 6 lig. Largeur 5 pouces.

HENRY VERSCHURING.

106 Des Ruines & des Roches, au bas deſquelles on voit une tente ſous laquelle s'offrent un homme & une femme. Sur le premier plan, paroît un Cavalier ſuivi de ſes chiens, qui ſonne de la trompette.

Sur le second, plan on remarque une femme montée fur un âne, & tenant fon enfant au maillot fur fes genoux : elle parle à un Cavalier qui s'eft approché d'elle : dans le coin à droite font trois hommes qui jouent aux cartes. Ce deffein eft à la plume & lavé à l'encre de la Chine. Hauteur 10 pouces, largeur 8 pouc. 6 lignes.

H. VERSCHURING.

107 Une place entourée de ruines, au milieu de laquelle on voit plufieurs groupes de chevaux & de figures. Deffin à la plume, lavé à l'encre de la Chine. Hauteur 12 pouces. Largeur 17.

ADRIEN VAN-OSTADE.

108 Un Deffin colorié, repréfentant un homme affis fur une chaife & les jambes croifées, tenant d'une main une cruche, & de l'autre un verre plein de bière. Haut. 4 pouces, largeur 2 pouces.

OSTADE, DUSART, & autres.

109 Une Feuille couverte de fept Deffins ; dont quatre qui feront vendus enfemble, par Corneille Dufart & par Adrien van Oftade ; & trois Payfages, dont un par Molingher, qui feront auffi vendus enfemble.

CORNEILLE DUSART.

110 Un Deſſin colorié repréſentant un Fumeur aſſis ſur un banc, la main droite appuyée ſur ſa cuiſſe, & tenant de la gauche ſa pipe. Hauteur 10 pouces 6 lignes. Largeur 7 pouces 6 lig.

VERNEER.

111 La Mort de Didon, compoſition de trois figures.

Le fond eſt orné de monumens d'architecture; & l'on voit ſur le devant un autel, un vaſe & autres acceſſoires. Hauteur 6 pouces. Largeur 4 pouces 3 lig.

JEAN VAN HUYSUM.

112 Un Deſſin à gouache repréſentant des tulippes, des roſes, des pavots, des narciſſes & autres fleurs, dans un vaſe poſé ſur un baſe, orné d'un bas-relief : on y remarque encore un nid rempli d'œufs, & une couleuvre qui ſe repaît d'un qu'elle a caſſé. Hauteur 30 pouces. Largeur 25 pouces.

ADRIEN VANDEN VELDE.

113 Un Deſſin à la plume, lavé à l'encre de la Chine, repréſentant un ruiſſeau dans lequel eſt entrée une vache : ſur le

troisième plan est une femme qui s'y baigne : derriere elle est une autre vache
qui arrache les tiges d'un arbre à demi
rompu & dépouillé de ses branches Dans
le coin à droite font trois moutons.
Hauteur 9 pouces. Largeur 7 pouces 6
lignes.

VANDER WYCK.

114 Un Dessin au crayon noir & blanc,
repréfentant le Bufte d'un homme portant des mouftaches. Hauteur 8 pouces
& demi, Largeur 7 pouces 5 lignes.

ANTOINE-FRANÇOIS VANDER MEULEN.

115 Une grande & belle compofition, re-
préfentant la Reine Infante paffant fur le
Pont Neuf.
Hauteur 22 pouces. Largeur 31 pouc.

ALBERT CUYP.

116 Un Deffin colorié repréfentant une
Prairie où l'on voit un bœuf accroupi.
Sur le fecond plan, & fur une hauteur,
eft une vache. Sur un plan dégradé, on
voit une femme debout portant un petit
baquet fur fa tête. A côté d'elle eft un
autre bœuf. Le coin à droite offre une
maifon devant laquelle eft un grand arbre. Hauteur 10 pouces. Largeur 12.

MOLINGER.

MOLINGER.

117 Un Deffin colorié repréfentant des monticules de terre coupées par différens chemins fur l'un defquels on voit paffer un payfan monté fur un âne: derriere lui eft un autre payfan fuivi de fon chien; on découvre encore fur différens plans, quelques autres figures, & une maifon à demi ruinée. Hauteur 10 pouces. Largeur 14 pouces 6 lignes.

PIERRE WOUVERMANS, d'après **PHILIPPE VOUVERMANS** fon frere.

118 Un Combat de Cavalerie, deffiné à la plume, & lavé à l'encre de la Chine. Hauteur 11 pouces 6 lignes. Largeur 18 pouces.

PAR UN MAÎTRE HOLLANDOIS.

119 L'Hiver caractérifé par des hommes qui patinent fur la glace, & quelques figures qui s'y promenent. Hauteur 7 po. Larg. 7 pouc. 7 lig.

D

DESSINS EN FEUILLES.

JEAN ROTTENHAMER.

120 Trois Deſſins, dont deux à la plume, lavés au biſtre, & un colorié, repréſentans des ſujets allégoriques.

J. MIEL, & autres.

121 Quatre Deſſins repréſentant différens Sujets, par Jean Miel, van Dyck & autres.

ADRIEN VAN OSTADE.

122 Deux Deſſins coloriés repréſentant un Buveur aſſis, & un homme debout les mains derriere le dos. Ils viennent de la Vente de Neyman, N°. 589.

CORNEILLE DUSART.

123 Un Deſſin à la pierre noire ſur velin, repréſentant l'intérieur d'une Tabagie où l'on remarque un homme aſſis, un bras appuyé ſur une table près de laquelle on voit un homme debout qui verſe de la bière dans un verre, & un troiſième perſonnage qui fume ſa pipe. Hauteur 8 pouces 8 lignes. Largeur 7 pouces 11 lig.

PAR LE MÊME.

124 Deux Deſſins coloriés repréſentant des Buveurs. Hauteur 3 pouces 6 lignes. Largeur 2 pouces.

JACQUES RUISDAAL.

125 Deux Deſſins lavés à l'encre de la Chine, faiſant pendans.

Ils repréſentent des Payſages ornés de rivieres & de figures placées ſur différens plans. Hauteur 7 pouces. Largeur 5 po. 6 lig.

KAREL DUJARDIN.

126 Un Deſſin à la plume, lavé au biſtre & à l'encre de la Chine, repréſentant des animaux gardés par un Pâtre qui paiſſent ſur le bord d'un ruiſſeau. De l'autre côté de l'eau, on découvre un pont, un chemin & de grands quartiers de roches. Hauteur 4 pouces. Largeur 8 pouces.

FRANÇOIS VAN MIÉRIS.

127 L'intérieur d'une chambre à coucher, où l'on voit une femme près de ſon lit, les yeux attachés ſur ſon enfant qui dort dans ſon berceau. Deſſin à la pierre noire ſur vélin. Il vient du Cabinet de Ney-

man, N°. 506. Hauteur 11 pouces. Largeur 8 pouces 4 lig.

C. DE WISSCHER.

128 Un Buste de vieille Femme ; Dessin à la pierre noire sur vélin. Hauteur 6 pouc. Larg. 4 pouces 8 lig.

JEAN ASSELYN.

129 Un Paysage dessiné à la pierre noire, & lavé à l'encre de la Chine. Sur le devant coule un ruisseau, que des paysans, conduisant des bœufs & des moutons, passent à gué. Le fond est terminé par des ruines, des arbres & un pont sur lequel on voit passer un carrosse. Hauteur 5 pouces 5 lignes. Largeur 7 pouces 2 lig.

HENRI ROOS.

130 Quatre Dessins, dont deux à la sanguine & lavés, & deux à la plume, lavés à l'encre de la Chine, représentant des études.

JEAN VERKOLIE.

131 L'intérieur d'une chambre où l'on voit une jeune fille vue à mi corps, & endormie, un bras appuyé sur une table : derriere elle est un jeune garçon qui la regarde, en tenant une bougie allumée

d'une main, & de l'autre un verre. Ce Deſſin eſt à la plume, lavé à l'encre de la Chine. Hauteur 7 pouces. Largeur 6 pouces 6 lig.

ALBERT VAN EVERDINGHEN.

132 Un Deſſin colorié repréſentant un torrent qui ſe précipite à travers des pierres. Le fond offre une cabane près de laquelle ſont des payſans, & différentes maſſes d'arbres placées ſur des hauteurs. Hauteur 7 pouces 6 lignes. Largeur 9 pouces 2 lignes.

ABRAHAM STORCK, & autres.

133 Trois Deſſins, dont deux par Storck repréſentant des Marines, & un par Harms repréſentant des débris de monumens ornés de figures. Ces trois Deſſins ſont à la plume, lavés au biſtre, & à l'encre de la Chine.

HENRI VERSTRAATEN.

134 Deux Payſages deſſinés à la pierre noire, & lavés à l'encre de la Chine.

PAUL BRIL, & autre.

135 Deux Payſages deſſinés à la plume & coloriés, par Paul Bril & Adam Pynacker.

ERNEST DIÉTRICY.

Benoit
15 — 9

136 Une Ascension composée de treize figures, dessinée à la plume, & lavée à l'encre de la Chine. Hauteur 13 pouces. Largeur 8 pouces.

W. WANDEN VELDE, & autres.

Caillet
11 — 1

137 Un Paysage par vander Does; & une Marine par W. wanden Velde. Dessins à la plume & lavés.

ECOLE FRANÇOISE.

DESSINS MONTÉS SOUS VERRE.

FRANÇOIS PRIMATICE.

Sprote
6 — 1

138 La Continence de Scipion ; grande & belle composition de seize figures, dessinée à la sanguine sur papier gris. Hauteur 14 pouces. Largeur 19.

P. PUJET.

Lenglier
16 — 5

139 Une Mer agitée sur laquelle on voit une Galere & plusieurs vaisseaux. Dessin lavé à l'encre de la Chine sur vélin. Hauteur 10 pouces. Larg. 15 pouces.

Philippe de Champagne.

140 Une Carmelite aux genoux de Jésus-
Chrift, qui lui montre le chemin du ciel.
Au-deſſus de leur tête eſt une gloire.
Hauteur 20 pouces. Largeur 14 pouces.

Raymond de la Fage.

141 Quatre Deſſins, dont un repréſentant
un grand Sujet allégorique, le ſecond un
bas-relief, & les deux autres des chocs
de Cavalerie. Hauteur 20 pouces. Largeur 27 pouces.

Madame Subleyras, d'après le Guide.

142 Lucrece.
Elle eſt vue à mi corps, aſſiſe ſur un
lit, relevant de la main gauche ſa draperie blanche, & tenant de la main droite
un poignard. Le fond offre un rideau vio-
let. Cette belle miniature peut être miſe
ſur une boëte. 2 pouces 3 lignes de diametre en rond.

Carle Vanloo.

143 Une Académie à la ſanguine ſur papier
blanc.

Manglard.

Une Marine à la ſanguine, ornée de
roches & figures.

Ces deux Deſſins ſont ſous le même verre. Hauteur 26 pouces. Largeur 19 pouces.

FRANÇOIS BOUCHER.

144 Un Deſſin à la pierre noire ſur papier blanc, repréſentant Danaé couchée recevant Jupiter transformé en pluie d'or; les rideaux de ſon lit ſont ſoutenus par deux Amours. Hauteur 6 pouces 6 lig. Largeur 10 pouces.

PAR LE MÊME.

145 Un Deſſin à la plume, lavé à la ſanguine & à l'encre de la Chine, repréſentant un Roſaire compoſé de ſix figures. Hauteur 14 pouces 6 lignes. Largeur 9 pouces.

BAUDOUIN.

146 L'Intérieur d'une Chambre à coucher.

On y voit une femme renverſée ſur un lit de plume: un homme à demi maſqué par le lit lui prend un bras: dans le coin à gauche, eſt une Suivante qui les obſerve. La chambre eſt éclairée par une fenêtre dont les volets ſont ouverts. Cette jolie Gouache eſt touchée avec tout l'eſprit que cet Artiſte a mis dans ſes compoſitions. Hauteur 11 pouces 6 lig. Largeur 10 pouces 3 lignes.

PAR LE MÊME.

147 La première Penfée du Coucher de la
Mariée, connu par l'Eftampe qui en eft
gravée. Deffin à la plume fur papier gris,
lavé à l'encre de la Chine & rehauffé de
blanc. Hauteur 14 pouces, largeur 11
pouces 6 lignes.

M. FRAGONARD.

148 Un Deffin lavé au biftre & à la fanguine, repréfentant un fite agréable pris
des environs d'Eftre: il eft orné de figures.
Hauteur 13 pouces. Larg. 18 pouces.

PAR LE MÊME.

149 Un Deffin à la pierre noire, repréfentant des fragmens d'études, d'après le
Bénédette. Hauteur 12 pouces. Larg. 10
pouces 6 lig.

Madame FRAGONARD.

150 Une Femme nue, vue par le dos &
couchée fur fon lit, jouant avec un
Amour. Hauteur 2 pouces. Largeur 2
pouces 3 lignes. Sous verre entouré d'un
cercle d'or.

LOUIS-FÉLIX DE LA RUE.

151 Un Deffin aquarelle, repréfentant le

Pape fe promenant en cérémonie dans les rues de Rome. Il eft dans fon carroffe, accompagné de quatre Cardinaux, & efcorté de fes Gardes. Hauteur 3 pouces 6 lign. Larg. 9 pouces 8 lig.

DE LA RUE, frere du précédent.

152 Un Combat de Chrétiens contre des Infideles ; grande & riche compofition deffinée à la plume fur papier blanc, & lavée à l'encre de la Chine. Hauteur 20 pouces, largeur 23.

EDME BOUCHARDON.

153 Un Payfage, fur le devant duquel on voit Vénus portée fur des nuages & defcendue de fon char, qui veut retenir l'Amour prêt à lui échapper.

Un autre Payfage orné d'arbres & de roches à-travers iefquelles tombent des cafcades d'eau qui forment un ruiffeau où fe baigne un Cigne. Sur le devant on remarque Vénus qui châtie l'Amour.

Ces deux contrépreuves font pendants & font à la fanguine fur papier blanc.

Hauteur 12 pouces, largeur 10 pouc. & demi.

M. NORBLIN.

154 Un Deffin à la plume, lavé au biftre & rehauffé de blanc, repréfentant un com-

bat de Cavalerie. Hauteur 10 pouces 6
lignes. Larg. 16 pouc. 6 lig.

155 Une jolie Miniature attribuée à M.
Moreau, repréfentant une femme vêtue
de blanc & la tête couverte d'un bonnet
& d'une coëffe, le bras droit appuyé fur
fon chien qu'elle tient fur fes genoux.
Hauteur 3 pouces. Largeur 2 pouces
& demi.

JEAN PILLEMENT.

156 Un Payfage où l'on remarque des maffes d'arbres, des hauteurs, des maifons &
des chemins fur lefquels font quelques
figures. Deffin à la pierre noire, lavé à
l'encre de la Chine. Hauteur 10 pouces.
Largeur 15.

DESSINS EN FEUILLES.

JACQUES CALLOT.

157 Un Deffin à la plume, lavé à l'encre de
la Chine, repréfentant l'Intérieur d'une
Infirmerie, où l'on voit des Moines fer-
vant des malades. H. 7 pouces 6 lignes,
L. 10 pouces 2 lig.

ET. LA BELLE.

158 Deux Deffins à la plume, lavés au

biſtre & à l'encre de la Chine, repréſentant un homme à cheval, & un Payſage
orné de figures.

JACQUES STELLA.

159 La Pêche miraculeuſe, compoſition de
neuf figures, deſſinée à la plume & lavée
au biſtre ſur papier.

Hauteur 7 pouces & demi, largeur 12
pouces.

Ce beau Deſſin vient de la Collection
de M. Mariette.

LOUIS DORIGNY.

160 Un Deſſin allégori-critique, intitulé la
Manſarade. Hauteur 8 pouces, largeur
10 pouces 6 lign.

POUSSIN & DE LA HIRE.

161 Trois Deſſins, dont un par le Pouſſin
& deux par Laurent de la Hire.

JOUVENET.

162 Quatre Deſſins par différens Maîtres,
dont la Deſcente de Croix, par Jouvenet.

VATTEAU & LE SUEUR.

163 Trois Deſſins, dont l'un repréſente
des Etudes de Watteau, & les deux autres
des études de le Sueur.

FRANÇOIS BOUCHER.

164 Une Baigneuſe, appuyée ſur un autel orné d'un bas-relief; Deſſin aux crayons noir & blanc. Hauteur 13 pouces 6 lign. Largeur 7 pouces.

M. FRAGONARD.

165 Deux Deſſins à la pierre noire ſur papier blanc, repréſentants des ſujets d'après le Bénédette.

PH. CARÊME.

166 Un Deſſin aquarelle, repréſentant un Payſage où l'on voit un Satyre tenant une coupe de vin, & le bras paſſé autour du col d'une femme qui le regarde : aux pieds de celle-ci, eſt un enfant qui met des fruits dans une corbeille : dans le coin à droite eſt un autre groupe de deux figures. Hauteur 6 pouces, Largeur 8.

CHARLES EÏSEN.

167 Un Deſſin à la plume, lavé au biſtre & à la ſanguine, repréſentant Diane au bain, entourée de ſes Nymphes. Hauteur 3 pouces, largeur 5 pouces.

M. SARRAZIN.

168 Deux Deſſins aquarelles faiſant pendans.

62 # DESSINS.

Ils repréſentent des Payſages ornés de Ruines, de maiſons & de figures. Haut. 6 pouces 6 lignes, Largeur 7 pouces 10 lignes.

M. DESFRICHES.

169 Deux Deſſins à la pierre noire ſur papier de ſoie de la Chine, repréſentants des Payſages.

J. D. DU GOURG.

170 Un Deſſin aquarelle, repréſentant le Réveil de Pſiché ; grande & riche compoſition. Hauteur 15 pouces, largeur 11 pouces 6 lignes.

FIN.

Lu & approuvé, ce 24 Mai 1780. RENOU, pour M. COCHIN.

Vu l'app. permis d'imprimer ce 26 Mai 1780. LE NOIR.

De l'Imprimerie de PRAULT, Imprimeur du Roi, Quai de Gêvres.

FEUILLE DE DISTRIBUTION

DES OBJETS

Qui seront vendus les jours marqués ci-après.

PREMIERE VACATION.

Le Vendredi 2 Juin.

TABLEAUX DE L'ECOLE DES PAYS-BAS.

Numéro 3. Rottenhamer.
6 Breughel.
12 Cuyp.
17 Teſniers, deux.
20 Iſaac Oſtade.
26 Metsù.
29 Wouvermans.
32 Svanewelt.
35 Weninx.
37 Berchem.
38 P. Potter.
42 Kalf.
46 F. Mieris.
48 Steen.
49 Vander Heyden.
52 Scalcken.
53 De Moor.
55 Duſart.

62 Wick.
64 Dietricy.

TABLEAUX FRANÇOIS.

66 M. Lagrenée le jeune.
67 M. Bounieu.

DESSINS ITALIENS, MONTÉS.

68 Guerchin.
76 Ricci.
77 Maître Vénitien.

DESSINS ITALIENS EN FEUILLES.

79 Guerchin.
82 Romanelli.
84 Geminiani.

a

87 Lutti.

DESSINS DE L'ÉCOLE
DES PAYS-BAS,
MONTÉS.

97 Teſniers.
101 Rembrandt, deux.
102 Idem, quatre.
106 Verſchuring.
107 Idem.
109 Oſtade & Duſart.
110 Duſart.
111 Verner.
112 Van Huyſum.
115 Vander Meulen.
118 Pierre Wouvermans.

DESSINS EN FEUILLES.

121 Miel.
122 Oſtade.

126 C. du Jardin.
127 F. Miéris.
134 Verſtraaten.

DESSINS FRANÇOIS,
MONTÉS.

141 La Fage.
142 Madame Subleyras.
144 Boucher.
145 Idem.
146 Baudouin.
148 M. Fragonard.
152 L. F. la Rue.
154 Norblin.

DESSINS EN FEUILLES.

158 La Belle.
159 Stella.
163 Watteau.
169 Desfriches.

DEUXIEME VACATION.

Le Samedi 3 Juin.

TABLEAUX DE L'ÉCOLE
DES PAYS-BAS.

Numéro 2 Rottenhamer.
5 Poelemburg.
10 Winants.
11 Idem.
13 Cuyp.
15 Brauwer.
16 Teſniers.

19 A. Oſtade.
21 I Oſtade.
23 Aſſelyn.
28 Bréemberg.
30 Weuvermans.
34 Pinacker.
39 Potter.
41 Vander Ulft.
43 Backuiſen.
47 Ruiſdaal.

[3]

51 Dujardin.
54 Dufart.
58 Gyfen.
59 Verkolie.
60 Wit.

TABLEAUX FRANÇOIS.

65 Claude Lorrain.

DESSINS ITALIENS
MONTÉS.

69 Guerchin.
72 Bernin.
74 Bourguignon.

DESSINS EN FEUILLES.

78 Raphael.
81 Civoli.
85 Farinati.
88 Pannini, deux.
90 Bandinelli.
92 Maître Italien.
93 Idem.
94 Idem.
95 Idem.
96 Idem.

DESSINS DES PAYS BAS
MONTÉS.

108 Oftade.

114 V. Wick.
117 Molingher.
119 Maître Hollandois.

DESSINS EN FEUILLES.

123 Dufart.
128 Wiffcher.
129 Affelyn.
130 Roos.
132 Éverdinghen.
136 Dietricy.
137 W. vanden Velde.

DESSINS FRANÇOIS
MONTÉS.

143 C. Vanloo.
147 Baudouin.
149 M. Fragonard.
153 Bouchardon.
155 M. Moreau.

DESSINS EN FEUILLES.

160 Dorigny.
161 Pouffin.
166 Carefme.
167 Eifen.

TROISIEME VACATION.

Le Jeudi 5 Juin.

TABLEAUX DES PAYS-
BAS.

Numéro 1 Bril.

4 Rubens.
7 Van Uden.
8 Stenwich.
9 Goubault.

[4]

14 Terburg.
18 Ad. Oſtade.
22 If. Oſtade.
24 Aſſelyn, deux.
25 Gérard d'Ow.
27 Metsù.
31 Wouvermans.
33 Béga.
36 Berchem.
40 Potter.
44 W. vanden Velde.
45 Mieris.
50 Ad. vanden Velde.
56 Verſchuring.
57 Vander Néer.
61 Griffie.
63 Dietricy.

DESSINS ITALIENS
MONTÉS.

70 Salembeny.
71 Idem.
73 Véroneze.
75 Bénédette.

DESSINS EN FEUILLES.

80 Guerchin, deux.
83 Tintoret.
86 Bonatti.
89 Pannini.
91 Palmieri.

DESSINS DES PAYS-BAS
MONTÉS.

98 Van Dyck.

99 Jordaens.
100 Idem.
103 Rembrandt.
104 Boll.
105 Potter.
113 A. vanden Velde.
116 Cuyp.

DESSINS EN FEUILLES.

135 Bril.
120 Rottenhamer.
124 Duſart, deux.
125 Ruiſdaal, deux.
131 Verkolie.
133 Storck.

DESSINS FRANÇOIS
MONTÉS.

138 Primatice.
139 Pujet.
140 Champagne.
150 M. Fragonard, Mi-
niature.
151 La Rue, F.
156 Pillement.

DESSINS EN FEUILLES.

157 Callot.
162 Jouvenet.
164 Boucher.
165 M. Fragonard.
168 M. Sarrazin.
170 M. Dugourg.

F I N